Aljoscha Long Ronald Schweppe

Krisen mit Weisheit überwinden

Impulse für die Zeit des Wandels

Begleitbuch zu den 40 Karten

Schirner Verlag

Wir verzichten auf das Einschweißen unserer Kartensets – **UNSERER UMWELT ZULIEBE!**

ISBN 978-3-8434-9192-1

Aljoscha Long & Ronald Schweppe
Krisen mit Weisheit überwinden
Impulse für die Zeit des Wandels

Box, Karten & Anleitung: Anna Twele, Schirner, unter Verwendung von # 1942967284 (© Xinling yi fang), # 406178962 (© Olga_C) und # 188233268 (© chocoma87), www.shutterstock.com
Lektorat: Bastian Rittinghaus, Schirner
Printed & bound by: Ren Medien GmbH, Germany

www.schirner.com

1. Auflage August 2022

Inhalt

Krise, Transformation und neues Bewusstsein 4

Eine Chance, die du nutzen solltest 8

Die Krise – ein Hilferuf der Seele? 12

Die Karten 17

Die Weissagungskarten 20

Die Wandlungskarten 22

Die Handlungskarten 24

Die Kraftkarten 26

Die Warnkarten 27

Kartenübersicht 28

Die Anwendung der Karten 30

Die Intuitionskarte 32

Das Partnerorakel 34

Das Beziehungsorakel 37

Das Entwicklungsorakel 39

Transformation ist ein Weg, kein Ereignis 42

Über die Autoren 46

Krise, Transformation und neues Bewusstsein

Die Welt wandelt sich ständig, und sie wird sich auch weiterhin verändern – und das wohl stärker und deutlicher als in der Vergangenheit. Gerade in diesem Augenblick, da wir an diesem Kartendeck arbeiten, hat ein Virus die ganze Welt in ihren Grundfesten erschüttert – es hat eine globale Krise verursacht, die zu unzähligen persönlichen Krisen geführt hat und uns alle vor neue Herausforderungen stellt. Auch wenn wir hoffen, dass diese Pandemie bezwungen sein wird, wenn diese Karten dich erreichen, fürchten wir doch, dass uns eine noch sehr viel größere Katastrophe bevorsteht, die mit der Veränderung des Klimas und unserer natürlichen Lebensräume zusammenhängt.

Krisen lassen sich nicht vermeiden. Sie sind Teil unseres Lebens und unserer Lebendigkeit. Jede Veränderung bringt die Notwendigkeit einer Neuorientierung und inneren Wandlung mit sich. Manchmal ist das aufregend, spannend und motivierend – oft aber auch beängstigend und verwirrend.

Wenn eine Entwicklung zu Problemen führt, die uns dazu zwingen, neue Wege einzuschlagen, sprechen wir von einer Krise. Die ursprüngliche Bedeutung des griechischen Wortes *krisis* war allerdings ein wenig anders: *krisis* heißt »Entscheidung«. Immer wenn eine Entscheidung ansteht, dann ist das eine *krisis*. Das muss nichts Dramatisches sein. Wenn du überlegst, ob du dir dieses oder jenes Paar Schuhe kaufen sollst oder wohin du in den Urlaub fahren möchtest, wird dich das nicht umwerfen. Und doch sind auch die vielen kleinen Entscheidungen in unserem Leben »Minikrisen«: Unsere Gedanken und Gefühle orientieren sich dabei neu, bis sich eine Entscheidung abzeichnet. Wer genau hinsieht, erkennt, wie sehr alle unsere Entscheidungen mit den großen Lebenskrisen verwandt sind: Es bilden sich Wellen im geistigen Ozean – nur die Größe und Wucht der Wellen ist unterschiedlich. Meist sind die Wogen klein, doch es können auch Krisen so groß wie Tsunamis über uns hereinbrechen.

Die Karten, die wir hier vorstellen, sind Hilfsmittel, auf spirituelle Weise mit den kleinen, aber auch den großen Wellen umzugehen, die uns im Leben manchmal überrollen. Du kannst diese Karten bei alltäglichen Entscheidungen nutzen und darüber zu tieferen Einsichten finden – sie helfen dir, die Situationen, in denen du steckst, klarer zu erfassen und zum Wesentlichen in dir selbst zu finden. Die Botschaften ermöglichen es dir, tragfähige, gute Entscheidungen zu treffen – und das nicht nur im Alltag, sondern vor allem auch in schweren Lebenskrisen. Du kannst die 40 Karten als Orakel einsetzen, das dir Informationen aus den tiefsten Schichten deines Bewusstseins vermittelt und dir zu wertvollen und kraftvollen Transformationen auf deinem Lebensweg verhilft.

Wir können uns nicht *nicht* verändern. Leben ist Veränderung. Doch wir haben es in der Hand, jede Krise zu einer Evolution unser selbst, zu einer positiven Transformation werden zu lassen.

Eine Chance, die du nutzen solltest

Vor 2 000 000 Jahren erschien das erste menschenähnliche Wesen auf dem Planeten.
Vor 100 000 Jahren begann die Sprache, sich zu entwickeln.
Vor 30 000 Jahren entstand der moderne Mensch, Homo sapiens sapiens.
Vor 5000 Jahren bildeten sich die Schrift und die Zivilisation.
Vor 250 Jahren begann das industrielle Zeitalter.
Vor 30 Jahren wurde das World Wide Web erfunden, und das Informationszeitalter brach an.

Die kulturelle Evolution beschleunigt sich. Alles deutet darauf hin, dass ein Entwicklungsschritt des menschlichen Bewusstseins bevorsteht. Es wird zu einem Quantensprung kommen, der alles verändert. Und es ist sehr wahrscheinlich, dass du heute, jetzt, bereits unmittelbar vor diesem Quantensprung stehst.

Eines haben alle Krisen gemeinsam: Sie markieren einen Wendepunkt, der die Chance auf einen Neubeginn und eine tiefe Verwandlung birgt. Das gilt umso mehr, je größer und drängender die Krise ist, mit der wir konfrontiert werden. Veränderungen im Außen, die zu einem Zusammenbruch all dessen führen, was unserem Leben bisher Sicherheit verliehen hat, können wir nur auf eine sinnvolle Weise begegnen: durch eine innere Veränderung! Wenn sich die Welt wandelt, ohne dass wir uns selbst transformieren, dann werden wir ewig auf der Stelle treten. Und das ist noch der günstigste Fall, denn viel wahrscheinlicher ist es, dass einschneidende Ereignisse wie der Verlust eines geliebten Menschen oder unserer Arbeit, eine schwere Erkrankung, finanzielle Probleme oder die Konfrontation mit der eigenen Vergänglichkeit uns in eine Dauerkrise stürzen. Gleiches gilt für globale Krisen wie Pandemien, Kriege oder die Klimaveränderung – auch sie können »chronisch« werden und uns unser ganzes Leben lang Schwierigkeiten machen, sofern es uns nicht gelingt, ihnen etwas entgegenzusetzen, indem wir flexibel und intelligent darauf reagieren.

Aus diesen Gründen solltest du Krisen immer sehr ernst nehmen. Mache dir klar, wie wichtig es ist, auf eine weise Art mit Krisen umzugehen.

Eines dürfen wir dabei nie vergessen: Ob eine akute Krise, in der wir stecken, zu einer chronischen Krise und somit zu einer Gefahr für Körper und Seele wird oder ob sie uns hingegen ermöglicht, innerlich zu wachsen und das Wesentliche zu erkennen – das hat deutlich weniger mit der äußeren Situation zu tun, als wir meinen. Vielmehr geht es darum, unsere innere Haltung zu verändern. Krisen geben uns die Chance, einschränkende Glaubenssätze auf den Prüfstand zu stellen und all das loszulassen, was uns tiefer in die Krise stürzen würde, statt uns daraus zu befreien.

Kapitulation oder Wachstum? Zusammenbruch oder Neubeginn? Wofür wirst du dich entscheiden?

Da du dieses Kartenset in den Händen hältst, fällt es uns nicht schwer, zu erraten, in welche Richtung dein Weg gehen wird …

Die Krise – ein Hilferuf der Seele?

Normalerweise werden Krisen vor allem als Problem angesehen, und auf den ersten Blick sind sie das zweifellos auch. Doch in jedem Problem steckt eine Herausforderung, ja, mehr noch eine tiefe Weisheit. Suchen wir nach einem Sinn in der Krise, müssen wir über das, was uns die Schwierigkeit an äußeren Chancen zur Wandlung zu bieten hat, weit hinausblicken.

Auf psychologischer Ebene ist klar, wozu Krisen »gut sind«. So wissen wir, dass sie dabei helfen können, ungelöste Konflikte – die vielleicht seit der Kindheit bestehen – zu lösen. Sie ermöglichen es uns, die eigenen Fehler und Schwächen, zugleich aber auch unser verborgenes Potenzial zu erkennen. Sie können uns unsere eigenen Bedürfnisse so klar wie nie zuvor vor Augen führen und fordern uns dazu auf, neue Fähigkeiten zu erwerben, die für eine gesunde

Persönlichkeitsentwicklung dringend benötigt werden. Darüber hinaus sind Menschen, die in ihrem Leben eine schwere Krise überstanden haben, für andere, die einmal in ähnliche Situationen geraten, Gold wert, denn sie können zu wertvollen Ratgebern und Wegbegleitern werden.

Neben der psychologischen kommt aber noch die spirituelle Dimension ins Spiel, denn in Krisen geht es um sehr viel mehr als um Persönlichkeitsentwicklung. In unserem Alltag, der ja nichts anderes als unser Tag für Tag konkret gelebtes Leben ist, sind die meisten von uns hauptsächlich damit beschäftigt, ihre Angelegenheiten zu managen. Es gibt so viele Aufgaben, die erledigt werden, und Probleme, die gelöst werden müssen, dass unser Blick oft einseitig auf die äußere Welt und damit auf unser »weltliches Ich« gerichtet ist.

In einer Welt, in der Leistung von uns verlangt wird, in der wir funktionieren und versuchen müssen, den Erwartungen anderer Menschen gerecht zu werden, ist es ganz normal, dass wir verlernen, den Blick nach innen zu richten. Doch unter der Identifikation mit unserem weltlichen Ich leidet unsere Seele, leidet unser spirituelles Ich.

Mögen Krisen auch den Zusammenbruch unserer Sichtweise, unserer Gewohnheiten und unseres bisherigen Sicherheitsgefühls bedeuten – für unsere innere Entwicklung können sie ein Geschenk sein. Manchmal scheint es geradezu, als würden krisenhafte Situationen infolge eines Hilferufs der Seele in unserem Leben auftreten. Bedenken wir die Gelegenheiten, die jede Krise für unsere Selbsterkenntnis und unsere Selbstverwirklichung bereithält, verstehen wir, warum unsere Seele unter bestimmten Umständen geradezu Situationen anziehen könnte, die uns aus unserer Lähmung befreien. Meist erkennen wir erst im Nachhinein, erst, nachdem die Not überwunden ist, dass die Krise nicht Zufall, sondern Fügung war.

Die Karten in diesem Kartenset sind Boten. Sie ermöglichen es dir, Kontakt zu deiner inneren Weisheit aufzunehmen. Dabei geben sie dir keine direkten Handlungsanweisungen, sondern dienen als Brennglas deiner Intuition. Tief in deinem Herzen weißt du nämlich ganz genau, welche Veränderungen nötig sind und welche konkreten Möglichkeiten du hast, mit der Krise umzugehen, die dich belastet. Wenn wir davon ausgehen wollen, dass das Leben sinnvoll und dass Wachstum möglich ist, so müssen wir auch den Nutzen von Lebenskrisen akzeptieren. Sie haben eine entscheidende Bedeutung für die Entwicklung unseres persönlichen Bewusstseins, ebenso, wie globale Krisen sie für eine Evolution des kollektiven menschlichen Bewusstseins haben.

Ganz gleich, wie viel in der Welt oder in den Situationen, mit denen du konfrontiert bist, schiefläuft – immer kann es nur der Blick nach innen sein, der zu Befreiung führt. Mithilfe dieser Karten wird es dir leichter fallen, in dich hineinzuhorchen und auf dein Herz zu hören. Durch sie findest du die Antworten, die dir wirklich weiterhelfen. Und dann eröffnet sich dir inmitten der Krise die Möglichkeit, dich von einengenden Gedanken und Gefühlen zu befreien und Klarheit und Gelassenheit zu gewinnen.

Die Karten

Wie auch immer sich Krisen manifestieren – ob sie persönlicher, beruflicher, gesundheitlicher oder globaler Natur sind: Es ist gut, wenn du darauf vorbereitet bist. Das heißt aber keinesfalls, dass du deinen Geist auf Krisen ausrichten oder gar in einem immerwährenden Zustand der Angst leben solltest.

Angst engt den Geist ein. Überwältigt uns die Angst, wird die Vernunft lahmgelegt, ohne die Spiritualität einzuschalten. Ganz gleich, was auf dich zukommt: Am besten bist du darauf vorbereitet, wenn du deine geistigen Kräfte entfaltest.

Mit hektischem Aktionismus und mechanischem Reagieren wirst du keine Krise überwinden. Durch reine Kraft- und Willensanstrengung kommst du ebenfalls nicht voran. Die einzig hilfreiche und weise Methode, die dazu führt, dass du gestärkt aus Krisen hervorgehst, lautet: inneres Wachstum. Und Wachstum ist ein steter, organischer Prozess. Willst du seelisch wachsen und dich auf den Wandel einstellen, der auf dich zukommt, darfst du dich nicht auf den Verstand allein verlassen – und schon gar nicht auf die Angst, die sonst dein Denken und dein Herz beherrscht.

Die 40 Karten in diesem Deck helfen dir dabei, die Kräfte deines überpersönlichen Geistes zu nutzen und jede Krise zu einer Zeit des persönlichen Wachstums werden zu lassen. Sie sind in verschiedene Gruppen aufgeteilt:

Orakelkarten

- Weissagungskarten
- Wandlungskarten
- Handlungskarten

Helferkarten

- Kraftkarten
- Warnkarten

Die Weissagungskarten

- Die Wiederkunft
- Die Entscheidung
- Das Erscheinen von Atlantis
- Die Umpolung
- Das transdimensionale Ereignis
- Der spirituelle Aufbruch
- Gaias Erwachen
- Die Sternenkinder
- Der Kontakt
- Die Überraschung

Diese Karten haben eine »Prophezeiung« zum Thema, beispielsweise das »Erscheinen von Atlantis«. Diese Ankündigung spricht jedoch weniger von einem materiellen Ereignis, sondern von Vorgängen auf höheren Ebenen. Wenn eine Weissagungskarte auftaucht, handelt es sich bei dem jeweiligen Problem in der Regel um etwas Grundlegendes.

Eine Weissagungskarte zeigt an, dass du etwas Prinzipielles verändern musst und ein Neuanfang ansteht.

Die Wandlungskarten

- Das neue Zeitalter
- Das Erwachen des Weiblichen
- Der Paradigmenwechsel
- Zum globalen Bewusstsein
- Die Evolution der Seele
- Das Ende der Gier
- Blinde werden sehend
- Der Reinigungsprozess
- Der Aufstieg aus der Unterwelt
- Die empathische Revolution

Die Wandlungskarten sprechen von kommenden geistigen Veränderungen, beispielsweise der »Evolution der Seele«, und geben Hinweise, wie du die Krise positiv gestalten kannst.

Eine Wandlungskarte zeigt an, dass sich etwas im Umbruch befindet, und gibt Hinweise darauf, wie du die Veränderungen möglichst reibungslos durchschreiten kannst.

Die Handlungskarten

- Der Heilungsprozess
- Der Seelenpartner
- Die Macht der Absicht
- Das rechte Tun
- Win-win-Strategie
- Jetzt
- Vom Außen zum Innen
- Das Bewusstsein ausrichten
- Durch das geöffnete Tor gehen
- Der Sieg der Freude

Die Handlungskarten sprechen die persönliche Ebene an, beispielsweise »Durch das geöffnete Tor gehen«, und helfen dir, umzusetzen, was genau zu tun ist. Wenn du mit den Karten ein Orakel legst und eine Handlungskarte erscheint, geht es in der Regel um etwas Konkretes und Unmittelbares.

Eine Handlungskarte weist darauf hin, dass sofort etwas zu tun ist – und gibt dir Hinweise, wie du am günstigsten handelst.

Die Kraftkarten

- Liebe
- Loslassen
- Vertrauen
- Mut
- Entschlossenheit

Die Kraftkarten geben einen bestärkenden Impuls, der dir in einem bestimmten Augenblick, bei einem konkreten Problem am besten hilft – beispielsweise »Mut«.

Die Warnkarten

- Rückzug
- Unwissenheit
- Gewalt
- Festhalten
- Angst

Die Warnkarten helfen dir, Fallen zu vermeiden oder eine Blockade aufzulösen, indem sie dir einen Hinweis darauf geben, wo sich etwas in die falsche Richtung bewegt.

Kartenübersicht

Weissagungskarten	*Wandlungskarten*	*Handlungskarten*
Die Wiederkunft	Das neue Zeitalter	Der Heilungsprozess
Die Entscheidung	Das Erwachen des Weiblichen	Der Seelenpartner
Das Erscheinen von Atlantis	Der Paradigmenwechsel	Die Macht der Absicht
Die Umpolung	Zum globalen Bewusstsein	Das rechte Tun
Das transdimensionale Ereignis	Die Evolution der Seele	Win-win-Strategie
Der spirituelle Aufbruch	Das Ende der Gier	Jetzt
Gaias Erwachen	Blinde werden sehend	Vom Außen zum Innen
Die Sternenkinder	Der Reinigungsprozess	Das Bewusstsein ausrichten
Der Kontakt	Der Aufstieg aus der Unterwelt	Durch das geöffnete Tor gehen
Die Überraschung	Die empathische Revolution	Der Sieg der Freude

Kraftkarten	*Warnkarten*
Liebe	Rückzug
Loslassen	Unwissenheit
Vertrauen	Gewalt
Mut	Festhalten
Entschlossenheit	Angst

Bei allen Karten ist aber nicht so sehr die einzelne Karte wichtig (außer beim Ziehen einer Intuitionskarte, vgl. Seite 32), sondern weit mehr die Verbindungen, Beziehungen und Wechselwirkungen zwischen den Karten. Behalte das im Auge, wenn du die Karten legst und interpretierst.

Die Anwendung der Karten

Die Karten können dir auf deinem Weg durch Krisen behilflich sein, indem sie von deinen unbewussten Fähigkeiten Gebrauch machen. Dein wahres Selbst ist wesentlich größer als das, was dir bewusst ist. Es ist weniger an Raum und Zeit, an Logik und Kausalität gebunden und hat die Fähigkeit, intuitiv komplexe Zusammenhänge zu erkennen. Daher ist es kein Zufall, welche Karten du ziehst. Und es ist auch kein Zufall, welche Interpretation in deinem Geist auftaucht, wenn du die Karten legst, um einen erhellenden Tagesimpuls zu bekommen, einen Einblick in deine Persönlichkeit oder die eines anderen Menschen zu erhalten, um Erkenntnisse über deine Beziehung, über deinen Energie- oder Entwicklungszustand zu finden. Vertraue dir selbst und dem Universum. Du kannst die Karten auf ganz unterschiedliche Weise einsetzen. Im Folgenden findest du fünf verschiedene Möglichkeiten, sie als Wegweiser zu nutzen.

Die Intuitionskarte

Die einfachste Möglichkeit, die Karten zu verwenden, besteht darin, dass du eine einzelne Karte ziehst und dir eine Affirmation geben lässt.

Sinnvoll ist es, vor dem Ziehen der Karte eine konkrete Frage zu stellen – die Texte auf der Karte geben dir durch ihren Symbolgehalt Antwort darauf. Die Frage, mit der du die Karten um eine Hilfestellung bittest, sollte deinen Geist ganz ausfüllen. Die Karten sind kein Apparat, der dir auf deine Frage eine exakte Lösung ausspuckt. Sie stehen in Wechselwirkung mit deinem Geist und liefern dir Hinweise, indem sie dir Antworten eingeben. Konzentriere dich also auf deine Frage, wiederhole sie innerlich wie ein Mantra – und lausche der Antwort, die plötzlich in deinem Bewusstsein auftaucht. Vertraue dieser Stimme.

Mit der Intuitionskartenmethode kannst du deiner Frage auch tiefer nachgehen: Mit den Fragen, die sich aus der Antwort auf die zunächst gestellte Frage ergeben, ziehst du wieder eine Karte – deren Antwort dann wiederum mit einer weiteren Frage vertieft werden kann. So kannst du nach und nach in immer tiefere Schichten und ferne Verzweigungen deines Problems vordringen.

Du kannst auch noch weitaus komplexere Aussagen von den Karten erhalten. Dazu gibt es verschiedene Legesysteme, die du gleich kennenlernen wirst.

Das Partnerorakel

Teile die Karten in zwei Gruppen: die 30 Orakelkarten (Weissagungs-, Wandlungs- und Handlungskarten) und die 10 Helferkarten (Kraft- und Warnkarten).

Ziehe nun aus dem Stapel mit den Orakelkarten viermal zwei Karten – jeweils eine für dich selbst und eine für deine*n Partner*in. Die vier Kartenpaare stehen für die körperlichen, die emotionalen, die geistigen und die spirituellen Aspekte der Beziehung.

Danach ziehst du zu jedem dieser Kartenpaare eine weitere Karte aus den Helferkarten, die zusätzliche Hinweise und Aufschlüsse zu jedem der Beziehungsaspekte gibt.

Du	*Beziehungsenergie*	*Dein*e Partner*in*
Karte 1: körperlich	**Karte 9:** Kraft-/ Warnkarte	**Karte 2:** körperlich
Karte 3: emotional	**Karte 10:** Kraft-/ Warnkarte	**Karte 4:** emotional
Karte 5: geistig	**Karte 11:** Kraft-/ Warnkarte	**Karte 6:** geistig
Karte 7: spirituell	**Karte 12:** Kraft-/ Warnkarte	**Karte 8:** spirituell

(Legevorlage »Das Partnerorakel«)

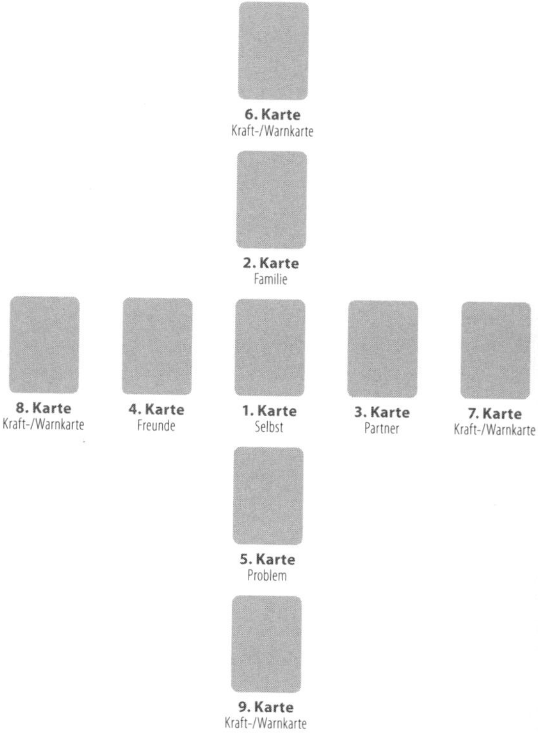

(Legevorlage »Das Beziehungsorakel«)

Das Beziehungsorakel

Lege die Helferkarten (Kraft- und Warnkarten) zunächst beiseite, und ziehe aus den übrigen 30 Orakelkarten (Weissagungs-, Wandlungs- und Handlungskarten) intuitiv eine Botschaft. Diese Karte bildet die Mitte deiner Legung und symbolisiert dich selbst in Hinsicht auf deine Beziehungen zu anderen Menschen.

Bevor du weitermachst, nimm dir Zeit, ihre Bedeutung zu verstehen. Dann ziehe vier weitere Orakelkarten: Über die erste Karte legst du nun die Karte, die deine familiären Beziehungen betrifft, rechts daneben die, die deine Partnerschaft darstellt. Links daneben legst du die Karte, die deine Freundschaften repräsentiert, und darunter die, die etwas über deine problematischen Beziehungen aussagt. Betrachte die Karten, und vertiefe dich in ihre Bedeutungen.

Jetzt nimm die 10 Kraft- und Warnkarten, und ziehe intuitiv vier Karten, die du jeweils hinter die Beziehungskarten legst.

Eine Warnkarte kann ein akutes oder potenzielles Beziehungsproblem anzeigen. Eine Kraftkarte zeigt, welche Energie dieser Beziehung guttut.

Das Entwicklungsorakel

Dieses ist das umfassendste und komplexeste Orakel: Die Karten werden in ihre verschiedenen Gruppen geteilt und in einer 3x3-Matrix ausgelegt.

Es liegen also immer drei Karten nebeneinander: Eine Weissagungs-, eine Wandlungs- und eine Handlungskarte. Die erste zeigt das Thema an, die zweite den Weg dorthin und die dritte, welche persönliche Kraft dich am besten dabei unterstützt, den Weg weiterzugehen.

Nun wird die erste Reihe auf die persönliche Lebenssituation hin interpretiert. Um das Verständnis zu erleichtern, kannst du eine der 10 Helferkarten ziehen – diese Karte gibt dir einen Hinweis darauf, welche zusätzliche positive Energie eingesetzt oder welche Gefahr umgangen werden sollte.

Hast du die erste Reihe verstanden, gehst du zur zweiten Reihe weiter, danach zur dritten. Dieses Orakelsystem bildet deinen spirituellen Weg ab und kann dich durch die Zeit der Transformation begleiten.

Du kannst die drei Reihen ebenso als Vergangenheit, Gegenwart und Zukunft interpretieren – auch dabei zeigt sich ein Weg, der dich deine spirituelle Entwicklung besser verstehen lässt.

	Weissagungskarten	*Wandlungskarten*	*Handlungskarten*
Reihe 1: 1. Schritt/Vergangenheit	**Weissagungskarte 1** Worum ging es? Was war wichtig?	**Wandlungskarte 1** Welcher Weg ist der beste? Wodurch hat sich etwas verändert?	**Handlungskarte 1** Welche Kraft hilft mir?
Reihe2: 2. Schritt/Gegenwart	**Weissagungskarte 2** Worum geht es jetzt? Was ist jetzt wichtig?	**Wandlungskarte 2** Wie geht es voran? Wodurch kann sich etwas verändern?	**Handlungskarte 2** Welche Kraft hilft mir?
Reihe 3: 3. Schritt/Zukunft	**Weissagungskarte 2** Worum geht es danach? Was wird wichtig sein?	**Wandlungskarte 3** Wie geht es weiter? Welche Veränderung wird nötig sein?	**Handlungskarte 3** Welche Kraft hilft mir?

Legevorlage »Das Entwicklungsorakel«)

Transformation ist ein Weg, kein Ereignis

Der Sinn einer Voraussage kann darin bestehen, sich auf das Kommende vorzubereiten. Wir haben es beispielsweise in der Hand, der Zerstörung der Natur Einhalt zu gebieten. Der Erfindungsreichtum des Menschen ist unfassbar groß. Den Hunger in der Welt, die Bevölkerungsexplosion und die Finanzkrisen in den Griff zu bekommen, wäre auch mit heutigen Mitteln leicht zu bewerkstelligen.

Doch selbst das trifft den Kern eigentlich nicht. Es geht um Wandel – eine grundlegende Veränderung auf allen Ebenen. Die Vorbereitung auf das Kommende sollte immer im Geist und nicht im Materiellen beginnen.

Weissagungen verwenden eine Bildsprache. Wenn vom »Ende der Welt« die Rede ist, begreifen viele Menschen das als eine Botschaft, die sich auf die physische Welt bezieht. Doch viel eher deuten solche Prophezeiungen auf einem Wandel auf spiritueller Ebene hin. Und dieser geistige Umschwung kann tiefgreifender sein als der Klimawandel. Verändert sich die Umwelt, so entwickelt sich nur ein Aspekt der Welt. Verändert sich unser Bewusstsein, wird die ganze Welt vom Wandel ergriffen. Es ist unser Geist, der die Welt erzeugt.

Transformation ist nichts, was mit uns gemacht wird. Sie ist etwas, was wir tun – oder noch besser: ein Weg, den wir gehen. Die Botschaft lautet: **Nimm dein Leben in die eigene Hand, engagiere dich, sei offen für die Veränderung, und löse dich von alten Mustern.** Das ist eine ewig gültige Botschaft der spirituellen Lehren aller Zeiten.

Wir haben die Chance, ein aktiver Teil einer neuen Welt, eines neuen Zeitalters zu werden. Wir sind auf der Rolltreppe am höchsten Punkt angelangt: Jetzt müssen wir den Schritt wagen, um nicht zu stolpern. Und dann können wir selbstsicher und aus eigener Kraft voranschreiten.

Wir hoffen, dass dir die Karten auf deinem Weg ein hilfreicher Wegweiser sein werden und dir ermöglichen, gestärkt aus jeder Krise hervorzugehen.

Aljoscha Long & Ronald Schweppe

Über die Autoren

Aljoscha Long arbeitete nach dem Studium als Autor, Komponist, Therapeut sowie Taijiquan- und Qigong-Lehrer. 1989 schrieb er zusammen mit Ronald Schweppe das erste gemeinsame Buch, dem noch viele folgen sollten. Er lebt mit seiner Frau in München und Guangzhou.

Ronald Schweppe ist Orchestermusiker und Autor zahlreicher Bücher im Bereich »Psychologie«, »Lebenskunst« und »Spiritualität«. Er beschäftigte sich viele Jahre mit fernöstlicher Philosophie, dem Zen-Buddhismus und Achtsamkeitsverfahren. Er lebt mit seiner Frau und seinen drei Kindern in München.

www.longschweppe.de

Wir können uns nicht *nicht*
verändern, denn Leben *ist*
Veränderung.

Doch wir haben es in der Hand,
jede Krise zu einer Evolution
unser selbst, zu einer positiven
Transformation werden zu lassen.

Schirner Verlag

Weissagungskarte

Die Wiederkunft

Viele Prophezeiungen unterschiedlichster Kulturen sprechen vom Erscheinen einer Lichtgestalt: Christus, ein Avatar, die Weiße Büffelkalbfrau, die Gefiederte Schlange.
Die Wiederkunft bringt Frieden, Harmonie und Gleichgewicht.

*Verschließe deine Ohren nicht.
Höre mit wachem Geist auf die Boten
des neuen Weltalters.*

Weissagungskarte

Die Entscheidung

Der große Widerstreit zwischen den lichten und den dunklen Kräften muss sich nicht im Äußeren zeigen – ebenso kann er in einem Ringen der Weltanschauungen und spirituellen Traditionen zutage treten.
Kampf bedeutet Entscheidung!

Beziehe Stellung, und schlage dich auf die Seite der lichten Kräfte. Nimm keine Zuflucht zur Gewalt.

Weissagungskarte

Das Erscheinen von Atlantis

Ein spirituelles Land erscheint und erneuert die Welt mit altem Wissen. Das neue Atlantis ist ein geistiger Kontinent, der die Heimat der Suchenden sein wird, unabhängig von nationalen Grenzen.

Die alte geistige Heimat aufzugeben, ist nicht leicht. Wage es, in die neue Welt aufzubrechen.

Weissagungskarte

Die Umpolung

Es findet eine Umpolung statt. Auf materieller Ebene dreht sich das Magnetfeld der Erde um, auf spiritueller Ebene wechseln Yang und Yin miteinander – die aktive, kontrollierende gibt der passiven, nährenden Energie mehr Raum. Eine Phase der Verwirrung beginnt.

Setze der geistigen Veränderung der Standpunkte keine Kraft entgegen. Nimm den Wechsel an.

Weissagungskarte

Das transdimensionale Ereignis

Die wenigen Dimensionen, derer wir uns heute bewusst sind, stellen nur einen kleinen Teil des Ganzen dar. Sie sind wie Finger, die zu einer unter der Oberfläche liegenden Hand gehören und daher als unabhängige Entitäten erscheinen.

Vertraue dem Übersinnlichen. Botschaften aus anderen Seinsebenen sind Zeichen des Wandels.

Weissagungskarte

Der spirituelle Aufbruch

Pflanzen wurzeln in der Erde, und ihre ersten Lebensphasen sind dem Auge entzogen. So verhält es sich auch mit der spirituellen Entwicklung – scheinbar aus dem Nichts bricht aus dem Dunkel eine Blume hervor: ein neues Bewusstsein.

Kultiviere das Wachstum. Lasse dich von scheinbar plötzlichen Ereignissen nicht verwirren.

Weissagungskarte

Gaias Erwachen

Die lebendige Erde beginnt, sich dem Einfluss des Menschen zu widersetzen. Was wir als Naturkatastrophen wahrnehmen, ist der Anfang eines Wandels, an dessen Ende die harmonische Kommunikation mit unserem Planeten steht.

Bereite dich darauf vor,
mit Mutter Erde zu kommunizieren.
Sie trägt und beschützt das Leben.

Weissagungskarte

Die Sternenkinder

Die Evolution bleibt nicht stehen. Unsere Kinder, die in der Zeit der Transformation geboren werden, sind oft bereits Wesen einer anderen Welt. Sie sind das Bindeglied zum kosmischen Bewusstsein.

*Höre auf die Weisheit der Kinder – als Elternteil, als Lehrer*in und als Lernende*r.*

Weissagungskarte

Der Kontakt

Der Kontakt mit Wesenheiten aus anderen Welten, Zeiten oder spirituellen Dimensionen verlangt eine radikale Veränderung des Bewusstseins unser selbst und unserer Stellung im Kosmos. Die Öffnung ist notwendig.

Verschließe dich keinen neuen Perspektiven, sondern übe deinen Geist in Flexibilität.

Die Überraschung

Das höchste Wissen besteht darin, sich stets bewusst zu sein, wie wenig man weiß. Wahre Stärke lässt Nichtwissen stehen und flüchtet sich nicht in Scheinerklärungen.

Bleibe offen für das Überraschende,
für das, was du dir nicht erklären kannst.
Verstehen ist nicht nötig,
um zu sein.

Wandlungskarte

Das neue Zeitalter

Die Menschheit hat verschiedene Zeitalter und spirituelle Prozesse durchlaufen. Wir treten in eine neue geistige Epoche ein: Die materielle Phase klingt aus, und das Haben tritt gegenüber dem Sein in den Hintergrund.

Löse dich vom Habenwollen.
Das Materielle ist nur als Träger des Spirituellen von Bedeutung.

Wandlungskarte

Das Erwachen des Weiblichen

Die männliche und die weibliche Energie befinden sich in einer zyklischen Bewegung. In der neuen Zeit tritt wieder das Weibliche, das Nährende und Bewahrende, in den Vordergrund. Diese sanfte Energie bringt Frieden und eine Neuorientierung.

Achte auf die weibliche und die männliche Energie in dir, und gib beiden Raum.

Wandlungskarte

Der Paradigmenwechsel

Die universelle Machbarkeit und der äußere Fortschritt waren das alte Paradigma. Nun findet ein Wechsel statt: vom Machen zum achtsamen Geschehenlassen. Die Weiterentwicklung findet fortan auf der Ebene des Wesentlichen statt.

Versuche, dich von dem Wunsch zu befreien, die Dinge zu kontrollieren, und lasse sie geschehen.

Wandlungskarte

Zum globalen Bewusstsein

Das menschliche Bewusstsein kann die Grenze des Individuellen durchbrechen. Dabei entsteht manchmal ein globales Bewusstsein, für das die Verbundenheit aller Dinge ein direkt wahrnehmbares Phänomen ist.

Du bist ein Teil der gesamten Welt. Alles, was du tust, hat Wirkung auf das Ganze.

Wandlungskarte

Die Evolution der Seele

Die Zeit ist das Medium, in dem sich die Essenz des Lebens wandelt. Die materielle Evolution tritt hinter die spirituelle Evolution zurück. Ein Quantensprung steht bevor, der eine spirituell fortgeschrittene Form des Menschen erzeugt.

Lasse dich nicht von neuen Theorien, Phänomenen oder besonderen Fähigkeiten verwirren.

Wandlungskarte

Das Ende der Gier

Das neue Zeitalter bringt eine Abwendung vom rein Materiellen. Das ziellose Profitstreben fällt seiner eigenen Dynamik zum Opfer. Globale Finanzkrisen und soziale Unruhen sind Übergangsphänomene auf dem Weg zu einem neuen Paradigma.

Sieh genau hin, wo du nach Gewinn strebst, und überlege, ob dieser Gewinn wirklich einer ist.

Wandlungskarte

Blinde werden sehend

Bislang waren spirituelle Einsichten und Erkenntnisse einzelnen Erleuchteten vorbehalten. Der Wechsel der Weltzeitalter öffnet nun jedoch vielen Menschen das geistige Auge. Wenn ein Blinder sehend wird, ist er zunächst überwältigt.

Öffne deine Augen, und folge keinen falschen Propheten, die dich nur verwirren wollen.

Wandlungskarte

Der Reinigungsprozess

Der Übergang in eine neue Zeit verlangt von uns eine spirituelle und geistige Reinigung. Je freier wir von seelischen und mentalen Verunreinigungen sind, desto leichter wird uns die Transformation fallen.

Den Geist klar, die Seele frei, das Herz offen – so wird sich der spirituelle Körper reinigen.

Wandlungskarte

Der Aufstieg aus der Unterwelt

Die Entwicklung des Menschen erfolgt stufenweise. Die bislang überwundenen Etappen lagen in der spirituellen »Unterwelt«. Nun treten wir ins Licht empor. Das erfordert eine Neuorientierung – zunächst sind wir geblendet.

Gib dich der Lust auf das Neue hin, öffne dein Herz der Liebe, und lasse das Licht in dich ein.

Wandlungskarte

Die empathische Revolution

Mitleid lindert kein Leiden, sondern verdoppelt es. Mitleidende werden selbst zu Leidenden. Mitgefühl bedeutet hingegen, die/den andere*n zu begleiten und zu unterstützen. Der Wandel des Mitleidens zum Mitfühlen bringt alles in Bewegung.

Erkenne, dass du Leid durch Mitleid nicht verringerst. Öffne dein Herz für die Kraft des Mitgefühls, und strahle sie in die Welt hinaus.

Handlungskarte

Der Heilungsprozess

Alte, schmerzhafte Erfahrungen formen unsere Wahrnehmung der Welt. Solange die Verletzungen nicht heilen können, brechen sich immer wieder überholte Muster Bahn. Unter der Oberfläche bist du schon vollkommen.

Setze dich mit deiner Vergangenheit auseinander, und heile dadurch die Gegenwart.

Handlungskarte

Der Seelenpartner

Die Seele ist gespalten in einen männlichen und einen weiblichen Teil. Um ganz zu werden, müssen die Gegensätze wieder eins und zu einander ergänzenden Polen werden. Jeder Mensch sucht nach seinem Seelenpartner.

*Überdenke deine Beziehung:
Hast du deinen Seelenpartner gefunden?
Erkennt euch im Wesen.*

Handlungskarte

Die Macht der Absicht

Absichten gelten weniger als Taten. Und doch geht jeder bewussten Handlung eine Absicht voraus, sie ist die Quelle des guten wie des schlechten Tuns. Heitere Absichtslosigkeit ist die stärkste Absicht.

Kultiviere gute Absichten,
wo du wirken kannst,
und Absichtslosigkeit,
wo du nichts bewirkst.

Handlungskarte

Das rechte Tun

Jeder weiß im Grunde seines Herzens,
was das Gute ist. Verstand und Vorurteile
trüben manchmal das Auge und leiten uns
in die Irre – obwohl wir fühlen,
dass wir fehlgehen.
Alles Böse geschieht durch
das Ignorieren des Herzens.

*Tritt einen Schritt zurück,
und betrachte mit den Augen des Herzens:
Tust du das Richtige?*

Handlungskarte

Win-win-Strategie

Wo es Gewinner und Verlierer gibt,
gibt es Kampf. Und auch die Gewinner
verlieren: spirituell, geistig oder moralisch.
Das gute Leben ist das gute Handeln.
Ich bin du – du bist ich.

*Handle so, dass keiner verliert –
ob materiell oder spirituell.
Dann gewinnst du immer.*

Handlungskarte

Jetzt

Die Zeit ist im Grunde eine Illusion.
Vergangenheit und Zukunft, Erlittenes, Erlebtes, Erwartetes und alle Sorgen – das ist nur in der Gegenwart wirklich. Es existiert kein Moment außer dem jetzigen!

Sei ganz in diesem Augenblick.
Lebe den Moment,
der die Ewigkeit ist.

Handlungskarte

Vom Außen zum Innen

Wandel, Befreiung und Veränderung
werden oft von außen erwartet. Doch alles,
was geschieht, findet zunächst geistig statt.
Das Außen ist immer vom Innen bestimmt.
Die äußere Welt ist ein Spiegel
der inneren Welt.

*Kehre zur Quelle zurück,
die in dir liegt und
deiner äußeren Welt Form gibt.*

Handlungskarte

Das Bewusstsein ausrichten

Das Bewusstsein ist ein Scheinwerfer, der Teile der Welt erhellt. Je konzentrierter es ist, desto klarer wird dieser Ausschnitt – während der Rest der Welt unsichtbar wird.
Das Bewusstsein lässt das meiste im Dunkel.

Achte darauf,
worauf du dein Bewusstsein richtest,
und bleibe gewahr,
dass es mehr gibt.

Handlungskarte

Durch das geöffnete Tor gehen

Immer wieder öffnen sich neue spirituelle Tore in der Mauer unseres Bewusstseins. Hindurchtreten müssen wir selbst, sonst verharren wir in selbst gewählter Gefangenschaft.
Der einfachste Weg durch eine Wand ist das Tor.

Du musst nicht mit dem Kopf durch die Wand, sondern nur danach Ausschau halten, wo ein Tor ist.

Handlungskarte

Der Sieg der Freude

Drei Wegweiser gibt es im Herzen:
Der Hass führt in den Abgrund.
Das Leiden weist auf den unsicheren, steinigen Pfad ins Ungewisse.
Die Freude leitet zum edlen Weg. Sie ist der Wegweiser, dem wir folgen sollten.

Füttere die Freude in deiner Seele, sooft du kannst. Gib Hass und Leiden keine Nahrung, dann können sie nicht stark werden.

Kraftkarte

Liebe

Die Verbundenheit der Herzen führt durch die Dunkelheit hindurch. Die Kraft der Liebe hilft dir, das Hindernis zu überwinden.

Kraftkarte

Loslassen

Loslassen heißt frei werden.

Kraftkarte

Vertrauen

Vertrauen entsteht,
wenn der Zweifel schweigt.
Lasse deine Bedenken ruhen,
und wage das Ja.

Kraftkarte

Mut

Mut braucht die Furcht,
um sich als wahrer Mut zu erweisen.
Versuche nicht, einen Abgrund in
zwei Schritten zu überqueren – spring!

Kraftkarte

Entschlossenheit

Die Tat zählt. Gehe entschlossen voran,
und lasse dich nicht entmutigen.
Deine Kraft, zu handeln,
kann die Welt verändern.

Warnkarte

Rückzug

Zu resignieren, verhindert
das Erreichen jeglichen Zieles.
Zu früher Rückzug birgt Gefahr.
Suche die Kraft in der Quelle.

Warnkarte

Unwissenheit

Wahres Wissen bedarf der Offenheit des Geistes. Echte Weisheit kommt aus dem Herzen. Erkenne das Wesentliche, und handle!

Warnkarte

Gewalt

Gewalt verhindert den natürlichen Fluss der Dinge. Vertraue auf die lösende Kraft der Nachgiebigkeit.

Warnkarte

Festhalten

Dem Schein anzuhaften, führt dich in die Irre. Öffne dich für die Kraft des lebendigen Augenblicks, und löse dich von deinen Begierden.

Warnkarte

Angst

Angst ist immer ein schlechter Ratgeber. Erlaube nicht, dass sie dein Handeln beherrscht! Lasse die Angst los, und wirf die Fesseln ab, die dich binden.